mafalda

inédita

Quino

Lumen

Papel certificado por el Forest Stewardship Council®

Textos e investigación periodística
Sylvina Walger

Recopilación
Alicia y Julieta Colombo

Diseño de la cubierta y diagramación
Juan Miguel Castillo

Séptima edición: octubre de 2014
Quinta reimpresión: julio de 2021

Publicado por Editorial Lumen (Penguin Random House Grupo Editorial S.A.U.)
Travessera de Gràcia, 47-49
08021 Barcelona

Impreso en Limpergraf, Barberà del Vallès (Barcelona)

Depósito legal: B-3.295-2013

ISBN: 978-84-264-4541-1

Printed in Spain

H 4 4 5 4 1 A

Penguin
Random House
Grupo Editorial

Si este libro está aquí es gracias al Monito.

Quino

EXPLICACION

LA trayectoria de *Mafalda* abarca el período comprendido entre los años 1964 y 1973, en tres publicaciones: "Primera Plana", "El Mundo" y "Siete Días Ilustrados". Bastante antes de la despedida oficial de la tira, en junio de 1973, Quino –y nadie más que él– se había dado cuenta de que se encontraba agotado y que no podía insistir sin repetirse.

A diferencia de otros colegas suyos –como Schulz, creador de "Peanuts"–, que han hecho perdurar las tiras apoyándose en un equipo de guionistas y dibujantes, Quino se resistió siempre a perder el contacto personal con su creación. Jamás quiso adoptar esta modalidad de trabajo por considerarla no adecuada a su estilo, así como tampoco nunca ha utilizado un mecanismo particular de trabajo. Antes que nadie lo pudiera percibir, Quino supo que *Mafalda* había cumplido su cometido.

Los diez libros editados sobre *Mafalda* no recogen exhaustivamente las andanzas del personaje que Umberto Eco definiera como una "heroína iracunda que rechaza al mundo tal cual es... reivindicando su derecho a seguir siendo una niña que no quiere hacerse cargo de un universo adulterado por los padres".

Las tiras que integran este *Mafalda inédita* –en buena parte aparecidas en las publicaciones mencionadas– fueron, en muchos casos, deliberadamente omitidas de los libros precedentes. La decisión de darlas a conocer a través de una nueva edición significa no solamente un homenaje a la verdad histórica de *Mafalda* –a punto de cumplir sus veinticinco años– sino también un llamado a la reflexión sobre casi una década de la historia local y mundial.

El volumen incluye las 48 tiras publicadas en "Primera Plana", nunca recopiladas; además, los orígenes de la tira que, como se verá, no nació tanto de un afán de contestar al mundo como de la más prosaica necesidad de publicitar un determinado producto.

Excepto razones de fuerza mayor, como ocurriera con la desaparición de algunos originales, los criterios utilizados para descartar las tiras que aquí se reproducen fueron tres principalmente. En primer término prevaleció la opinión del autor, que descalificó algunas por encontrarlas sencillamente "malas" y por lo tanto sin méritos suficientes como para ser incluidas en los anteriores volúmenes. Otras, en cambio, fueron eliminadas por considerarse que respondían a situaciones de validez temporal (ejemplo, los llamados a vacunarse contra la poliomielitis).

Por último, y aquí se impusieron criterios de tipo político, tampoco fueron incluidas las tiras que aludían, con la inevitable sorna del momento, a las limitaciones del gobierno del doctor Illia. El mismo Quino explica que "tanto por la ignorancia que teníamos acerca de las reglas del juego democrático como por la misma precariedad de estas democracias nos convertimos, sin desearlo, en los mejores aliados del enemigo".

QUINO
recibió un llamado
telefónico de Joan Manuel Serrat
pidiéndole algo para su disco
"El Sur también existe",
que musicalizaba poemas
de Mario Benedetti y entendió
que Serrat quería
la tira para ponerla dentro
del disco como un desplegable
—de ahí el formato cuadrado—;
pero el disco ya había salido
a la venta y la tira no llegó
a distribuirse con él.
"Fue el producto de un equívoco
entre un catalán y un andaluz",
explica Quino, aludiendo
a sus propios orígenes.

EL CUERPO TAMBIÉN TIENE SU PROPIA GEOGRAFÍA

Y SI ES CIERTO QUE EL NORTE ES EL QUE ORDENA....

EL SUR TAMBIÉN EXISTE!

SI NO FUERA POR ESO QUE DEL OMBLIGO AL SUR TIENEN LAS NENAS.... LA HUMANIDAD, ¿POR DÓNDE NACERÍA?

QUINO

COMO una "historia curiosa" define el humorista y escritor Miguel Brascó la participación que le cupo en el nacimiento de *Mafalda*. Amigo personal de Quino, hacia 1962 habían compartido páginas en las revistas "Tía Vicenta", que dirigía Landrú y "Cuatro Patas", una creación de Carlos del Peral que, aunque de circulación restringida y corta duración, también fue un modelo humorístico de la época.

"Quino me había comentado que tenía ganas de dibujar una tira con chicos", recuerda Brascó. "Un día llaman de Agens Publicidad y me piden un dibujante capaz de urdir una tira cómica que habría de publicarse de manera encubierta en algún medio, para promocionar los electrodomésticos Mansfield producidos por Siam Di Tella."

"La persona que habló conmigo se llamaba Briski y me acuerdo porque el nombre me sugirió una mezcla de Brascó con Oski." Brascó le dice a Quino –"Quinoto", como lo recuerda cariñosamente– "para mí vos sos el indicado", y le sugiere que imagine una historieta que combine a "Peanuts con Blondie". Para Brascó, "Quino era y sigue siendo no sólo un gran dibujante, sino un genial argumentista".

El autor boceta entonces una familia tipo en la que puede reconocerse a *Mafalda* y a sus padres, pero respetando una de las reglas de oro de la agencia: que el nombre de todos los personajes comience con "M".

Quino se acuerda de que en la novela de David Viñas, "Dar la cara", se habla de una beba llamada Mafalda, le parece un nombre alegre y lo adopta para su protagonista. Con el tiempo se entera de la desgraciada historia de la Principessa Mafalda di Savoia, hija del rey de Italia, Vittorio Emanuele III, que terminara sus días en el campo de concentración de Buchenwald.

Agens resuelve entregarle la tira al diario "Clarín" a cambio de que no se les cobrara el espacio. Pero el diario percibe la publicidad encubierta y el acuerdo se rompe. La campaña no se hace y los productos Mansfield –por motivos ajenos a esto– no llegan nunca a estar en el mercado.

Miguel Brascó se entera de que "el negocio no había prosperado"

cuando Quino le lleva las fallidas tiras a "Gregorio", el suplemento estable de humor de la revista "Leoplán", creado y dirigido por Brascó, y en el que colaboraban firmas de la talla de Rodolfo Walsh, Carlos del Peral, Kalondi y Copi. Impresionado por el homenaje a "Periquita" que cree entrever en el dibujo de *Mafalda*, Brascó le publica tres de las tiras.

Hasta aquí la primera parte del nacimiento de *Mafalda*, que prueba hasta qué punto su autor nunca se pensó a sí mismo como un crítico del mundo y, menos aun, tuvo expectativas de transformarlo porque, según sus propias palabras, no cree que "el humor transforme nada".

LEOPLAN

EL
fracaso de la campaña Mansfield y la gran amistad
que unía a Quino con Julián Delgado, jefe de redacción de la revista
"Primera Plana", desaparecido cuando era director de
"Mercado" –el 4 de junio de 1978– determinaron
que *Mafalda* se formalizara como tira. Delgado intuye
que puede ser un éxito entre los lectores de "Primera Plana".
Lo conversa con Quino y éste se incorpora a la publicación.
Mafalda debuta oficialmente como tira el 29 de setiembre
de 1964 en "Primera Plana", donde se publica
hasta el 9 de marzo de 1965. Durante este período,
Quino produjo 48 tiras a un ritmo de dos por semana.

En esta etapa sólo permanecerán
del boceto original *Mafalda* y los padres,
hasta que el 19 de enero de 1965 hace su primera
aparición Felipe. La fuente de inspiración de este
personaje hay que buscarla en otro gran amigo
del autor, Jorge Timossi, quien a otras
cualidades espirituales sumaba –explica Quino–
"dos graciosos dientes de conejito". Timossi
es un periodista argentino que se radicó en Cuba
hace muchos años y participó de la fundación
de la agencia de noticias "Prensa Latina".

Mafalda parecía definitivamente instalada
en "Primera Plana" cuando en marzo de 1965
un diario del interior solicita
la tira para publicarla. Al intentar Quino
retirar los originales para comenzar
a enviárselos, se entera de que el semanario
considera de su propiedad las tiras publicadas.
"Fui al archivo y logré que el cadete
me las diera", recuerda. Fue el fin
de su relación con "Primera Plana" y también
una dolorosa ruptura
de su amistad con Julián Delgado.

COMO
toda persona que trabaja en un medio
debe adaptarse a la modalidad periodística
del mismo y siendo "Primera Plana"
un semanario de actualidad nacional
e internacional, Quino trató
de reflejar las inquietudes de la época.
Las referencias que se hacen
en las tiras a China, Africa,
América latina y la condición femenina
tienen que ver con que, por entonces,
se creía firmemente en que
el Tercer Mundo y la mujer
lograrían revertir
su situación de sumergidos.

29 setiembre '64

29 setiembre '64

EN febrero de 1962 un golpe militar depuso al gobierno de Arturo Frondizi. Entre las causas que provocaron su caída pueden mencionarse el triunfo peronista en la provincia de Buenos Aires en las elecciones legislativas de ese año y la firma de unos oscuros contratos de petróleo. Le sucede José María Guido, presidente provisional del Senado, al que un manejo político coloca al frente del país como la cara civil de las Fuerzas Armadas. Mientras, surgen diferencias en el seno del Ejército,

6 octubre '64

6 octubre '64

que se divide en dos bandos, "azules" y "colorados", que llegan al enfrentamiento armado. Los "azules", de tendencia "legalista", se inclinaban por una restauración del orden constitucional por oposición a los "colorados", proclives a instalarse definitivamente en la Casa Rosada.

Triunfa la fracción azul, con el general Juan Carlos Onganía a la cabeza. El país concurre nuevamente a las urnas el 7 de julio de 1963. Perón, desde Madrid, había ordenado el voto

¡MMMH! ¡HOY ME SIENTO REALMENTE PACÍFICA!....

....PERO NO ES CUESTIÓN DE LEVANTAR LA PERDIZ

13 octubre '64

¿Y PORQUÉ NO SE PUEDE DECIR MALAS PALABRAS? ¿EÉÉH? ¿PORQUÉ?

¡SI ELLOS FUERAN TAN SANTITOS NO DEBIERAN SABER QUÉ SIGNIFICA ☺, NI ▦, NI ✳!

¡PERO LO SABEN Y POR ESO LES MOLESTA! ¡Y SI YO DIGO ☺ Y ▦ Y ✳ ES PARA MOLESTAR Y NADA MÁS!

PORQUE EN REALIDAD, YO NO SÉ QUÉ DEMONIOS QUIERE DECIR ☺, NI ▦, NI ✳!

13 octubre '64

en blanco. Resulta ganadora –con sólo el 21,9 por ciento de los votos– la Unión Cívica Radical del Pueblo, convertida en primera minoría.

El 12 de octubre asume la presidencia de la República el doctor Arturo Umberto Illia. Sobrio y austero como pocos, aficionado al mate y a las largas charlas, este anciano médico de Cruz del Eje, Córdoba, que conocía por el nombre a toda la gente de su pueblo y se interesaba personalmente por sus

¿ME PRESTÁS ÉSTO PARA DIBUJAR?

¡NOO, ANDÁ A DEJAR ESO DONDE ESTABA, QUE ES LA LIBRETA DE CASAMIENTO!

¡ASÍ QUE EL ASUNTO ERA CON LIBRETA!...

YO CREÍA QUE LA GENTE SE CASABA AL CONTADO

20 octubre '64

¡VENGA EL EJEMPLO!

¡SÍ, NO TE HAGÁS EL TONTO! ¡ME HE ENTERADO QUE TODO PADRE DEBE DAR EL EJEMPLO A SUS HIJOS! ¡VAMOS, **LARGUE!**

PERO DECIME: ¿QUÉ CREÉS VOS QUE ES UN EJEMPLO, EH?

¡INTENTÁS DESPISTARME PARA NO DÁRMELO, AMARRETE!

20 octubre '64

males, supo conservar ese estilo como presidente de la Nación. (Ref. tira 2 marzo '65).

Cumpliendo lo prometido durante su campaña electoral, en noviembre de ese año anuló los contratos de petróleo concertados por el gobierno de Frondizi con compañías extranjeras. Sabiendo el escozor que tal medida provocaría en los sectores más reaccionarios del país, Illia prefirió que el anuncio lo hiciera discretamente, y a medianoche, su ministro

27 octubre'64

27 octubre'64

de Economía, Eugenio Blanco.

Al cumplirse el primer año de gobierno, octubre de 1964, una encuesta realizada por la revista "Primera Plana" revelaba que el 98 por ciento de los encuestados adjudicaba al Presidente la imagen de un mandatario "bondadoso, calmo y paternal" más que la de un gran estadista con "poder de conducción y ejecutividad". (Ref. tira 1° diciembre '64).

Conocidos hombres de prensa como el columnista de

3 noviembre '64

3 noviembre '64

"Primera Plana" Mariano Grondona –Subsecretario de Interior luego del triunfo de los "azules" y uno de los autores del "Comunicado 150" de Campo de Mayo, que consagraba la prescindencia de los militares en política– escribía en esa misma época que "la figura del doctor Illia creció este año de la nebulosa inicial a una imagen de unánime respeto. Desde Marcelo T. de Alvear ...nunca un presidente ha sido menos atacado en el orden personal".

10 noviembre '64

10 noviembre '64

El país conocía en tanto un primer año de paz democrática y recibía la influencia de la libertaria década de los sesenta. La creatividad florecía en el Instituto Di Tella, sede de la vanguardia intelectual del momento, y la Universidad atravesaba una de sus épocas más brillantes bajo el rectorado de Risieri Frondizi.

La expansión industrial valorizó la industria nacional y obligó a las empresas a remozar sus cuadros directivos dando

17 noviembre '64

17 noviembre '64

origen a unos personajes que pusieron la nota sofisticada de esos años, "los ejecutivos", a quienes inmortalizara María Elena Walsh en una canción. Gerentes de ventas, expertos en relaciones públicas, finanzas o costos industriales, impusieron un lenguaje rebuscado del cual la revista "Primera Plana" fue un modelo. Canalizaban sus nervios en la jaula de golf y se trataban con psicoanalistas. (Ref. tira 2 febrero '65).

En el verano de 1965 termina la tregua que los partidos

24 noviembre '64

24 noviembre '64

políticos, las entidades empresarias y los gremios habían concedido al gobierno al que ya comenzaba a enrostrársele una notable falta de dinamismo en su gestión. Esta calificación falsa resultaba impulsada por una campaña orquestada, trampa en la que muchos cayeron. En agosto de 1964 se había anunciado el retorno de Perón y en setiembre la Justicia decretaba la prisión preventiva de los 119 dirigentes cegetistas que habían aprobado un "plan de lucha" con ocupación de fábricas, por

1º diciembre '64

1º diciembre '64

"instigación a cometer delitos". Se extiende por el país una psicosis retornista y las encuestas arrojan que un 61 por ciento de la población es favorable al retorno; con la misma intensidad, el general Onganía aparece como el militar que despierta más simpatías.

El 3 de diciembre de 1964 Perón llega al aeropuerto de Río de Janeiro y es declarado "persona no grata" por el gobierno brasileño a instancias de la Argentina, por lo que debe

8 diciembre '64

8 diciembre '64

regresar a España. (Ref. tira 5 enero '65). A partir de entonces, desde Madrid se ordena no dar tregua al sistema vigente en el país.

Pese a que entre agosto de 1964 y marzo de 1965 el aumento del costo de vida había sido tan sólo un 15 por ciento, José Alonso, secretario general de la C.G.T., asegura que "esto no da para más" y pronostica que "el país comienza a salir ahora de la crisis para entrar en el caos". (Ref. tira 9 febrero '65).

15 diciembre '64

22 diciembre '64

Una vez más la sociedad se ve sacudida. Una carta del general Enrique Rauch denuncia un complot alentado por Frondizi, Frigerio y Framini para desplazar al comandante en Jefe del Ejército, general Juan Carlos Onganía, y reemplazarlo por el general Carlos Jorge Rosas. Onganía sale fortalecido de la crisis.

15 diciembre '64

22 diciembre '64

POR la misma época, el mundo enfrentaba los cambios más profundos que las sociedades hayan registrado después de la Segunda Guerra Mundial. La posibilidad de un holocausto nuclear y el ímpetu revolucionario de la China de Mao, que a diferencia del comunismo soviético no se contentaba con cambiar la vida sino que pretendía cambiar al hombre, eran percibidos como una amenaza para el planeta. (Ref. tira 3 noviembre '64). Vanos resultaban los llamados del entonces secretario

¿Y QUÉ NECESIDAD HAY DE CAMBIAR DE AÑO? ¿ACASO ÉSTE NO SIRVE? ¡TOTAL...SON TODOS LO MISMO! ¿NO?

NO, LO MISMO NO; ÉSTE FUÉ BISIESTO, ASÍ QUE EL 65 TENDRÁ UN DÍA MENOS

¡AH!...¡ENCIMA, NOS ENCAJAN UN AÑO DE INFERIOR CALIDAD!...

29 diciembre '64

EL ALMANAQUE ES LA BUROCRACIA DEL TIEMPO

29 diciembre '64

general de la ONU, el pacífico budista birmano U-Thant, apelando a la conciencia de las naciones para detener la carrera armamentista atómica.

En los Estados Unidos, ya embarcados en la guerra de Vietnam, una explosión racial sin precedentes reivindicaba la igualdad de derechos civiles para blancos y negros. Su líder, Martin Luther King, posteriormente asesinado, recibía el Premio Nobel de la Paz en octubre de 1964. Al mismo tiempo,

5 enero '65

5 enero '65

Jean-Paul Sartre rechazaba el de Literatura alegando que "un escritor que toma posiciones políticas, sociales o literarias sólo debe actuar con medios que le son propios, es decir, con la palabra escrita" ..."mis simpatías por los guerrilleros de las FALN venezolanas –por ese entonces muy extendidas en ese país– sólo me comprometen a mí, pero si el Premio Nobel Jean-Paul Sartre toma partido por la resistencia en Venezuela arrastra consigo a todo el Premio Nobel".

12 enero '65

12 enero '65

En junio de 1964, el senador por Arizona Barry Morris Goldwater, nieto de un judío polaco que había emigrado a los Estados Unidos y miembro de la fascista John Birch Society, obtenía la candidatura republicana a la presidencia. Anticomu-nista visceral, Goldwater emprendió contra los demócratas una de las campañas más virulentas que los Estados Unidos hayan conocido, responsabilizándolos por "la degradación moral del país". Reclamaba mano dura contra los negros y prometía una

19 enero '65

19 enero '65

política exterior de "paz por la fuerza". En las elecciones de ese año, arrastró al partido Republicano a su más estrepitosa derrota frente al binomio Lyndon Johnson-Hubert Humphrey. (Ref. tira 27 octubre '64).

Un episodio que ocupara gran espacio en la prensa de esos meses corresponde a los avatares del turbulento proceso de descolonización del Congo Belga (hoy República del Zaire). En 1961 el Congo había conquistado su independencia de

PERO, VOS ME DIJISTE QUE IBAS AL JARDÍN DE INFANTES.... ¿PORQUE NO ESTÁS AHORA ALLÍ?

PORQUE SE ACABARON LAS CLASES!

¿SOCIALES?

¡ESCOLARES!..

¡CREÍ QUE HABÍA LLEGADO EL COMUNISMO!

26 enero '65

SI TE PREGUNTO ALGO...¿ME VAS A CONTESTAR LA VERDAD?

¡CLARO!..

DECIME...¿TU MAMÁ....ESTUDIÓ Y TIENE ALGÚN TÍTULO?

¿TÍTULO?...¡NO, QUÉ VA A TENER!.....¿POR?

¿

26 enero '65

manera truculenta, después de un siglo de dominación belga que impuso a la población de algo más de 14 millones de habitantes un régimen de terror.

Moise Capenda Chombe, terrateniente de Katanga, la provincia más rica del Congo Belga, aspira a convertirla en un Estado independiente. Se le opuso Patrice Lumumba, primer ministro del presidente Joseph Kasavubu, que pretendía construir un auténtico Estado nacional congoleño. Lumumba, obli-

¿SABÉS? LA SEMANA QUE VIENE ME VOY DE VERANEO

¿ADÓNDE?

¡AL MAR!

¿POR MUCHO TIEMPO?

NO SÉ....OÍ QUE MÍ PAPÁ DIJO QUE TENÍA NO SÉ CUANTOS *DÍAS HÁBILES.*

¿DÍAS HÁBILES?

SÍ, Y ÉSO ES LO QUE ME DESPISTA, PORQUE YO SÓLO LE CONOZCO DÍAS TORPES!..

2 febrero '65

¿QUÉ TE DIJO MAFALDA, PARA QUE LA RETARAS ASÍ?

¿EH?...¡AH!...¡Y, PUES.. ..NADA! ¡NO ME DIJO NADA!

¡COMO, NADA!..¡ALGO TE HABRÁ DICHO! ¿QUÉ FUE?

¡PERO NO!..¡SI NO ME DIJO NAD... ¡BUENO, BAH!...¡TE LO DIGO!

VINO Y ME DIJO: "¡HOLA, EJECUTIVO DE LA MACETA!"

..JA..JA..JA-JAJA ..JA-JA.

¡BAH!..

2 febrero '65

gado a huir, es reemplazado por el coronel Joseph Desiré Mobutu (actual presidente de Zaire). Apresado Lumumba es entregado a Chombe y en enero de 1961 se informa que había muerto al "intentar escapar". Chombe libra una cruenta guerra civil –apoyado por los belgas– contra Kasavubu-Mobutu, más afines a Washington. La Unión Minera Belga cedió posiciones y fue creada la Sociedad Congoleña de Minerales, donde los Estados Unidos salieron fortalecidos. (Ref. 23 febrero '65).

9 febrero '65

9 febrero '65

Octubre de 1964 resultará un mes intenso en el plano internacional. Se acentúan las diferencias ideológicas que distanciarán –durante largos años– a China de la Unión Soviética. Renuncia el secretario general del partido Comunista soviético, Nikita Kruschev, no sin antes definir a Mao como un "segundo Hitler".

El 17 de octubre China hace estallar su primera bomba atómica convirtiéndose en la quinta potencia nuclear del mun-

16 febrero '65

16 febrero '65

do. U-Thant calificó el experimento de "lamentable", aunque la agencia "Nueva China" se apresuró a calmar los ánimos argumentando que el artefacto no tenía otro objetivo que acabar con el monopolio nuclear. (Ref. tiras 27 octubre '64 y 3 noviembre '64).

El recelo con que el mundo miraba a aquellos setecientos millones de chinos que pretendían, además de comer, castigar al hombre blanco por haberlos humillado durante tantos años,

23 febrero '65

23 febrero '65

no fue obstáculo para que el semanario francés "L'Express" consagrara a Mao como el hombre del año. China y Francia tenían algo en común; ambas se habían negado a firmar, en 1963, el Tratado Nuclear de Moscú que aspiraba a la no proli- feración de armas nucleares, acordado por la Unión Soviética, Inglaterra y Estados Unidos.

En América latina, en tanto, las aguas se agitaban. En marzo de 1964 un golpe militar había depuesto al presidente brasi-

2 marzo '65

2 marzo '65

leño João Goulart. En octubre de ese mismo año, el gobierno del mariscal Humberto Castelo Branco –muerto en 1967 en un accidente de aviación– reconocía que los militares que llegaron al gobierno para asegurar "la reconstrucción econó-mica, financiera, política y moral del país" no habían podido frenar el "costo de vida". El 28 de octubre de 1965 Castelo Branco impone una verdadera dictadura militar y concentra en su persona la suma del poder público.

9 marzo '65

9 marzo '65

ENTRE
los diarios que en ese momento se editaban
en la Capital, "El Mundo" era uno de los más populares
e independientes. Brascó, que conocía personalmente
a su director, Carlos Infante, le recomendó *Mafalda*.
Empezó a publicarse el 15 de marzo de 1965
y continuó hasta el 22 de diciembre de 1967, fecha
en que "El Mundo" cerró definitivamente.

"Ese fue el verdadero lanzamiento de Quino",
sostiene Miguel Brascó, que intervino
para que la historieta siguiera adelante
y que por entonces viaja a Santa Fe y recomienda
la tira a su amigo Luis Vittori, subdirector
de "El Litoral". Más tarde el diario "Córdoba",
de Córdoba, también a instancias del mismo "promotor"
comienza a publicar *Mafalda*, que se extiende
por los diarios del interior del país.

Quino pasa de "Primera Plana", que era un semanario,
a publicar tiras cotidianas en un diario,
y esto le permite tocar temas de último
momento. Los problemas, tanto domésticos como

políticos, pasan a reflejarse entonces en los juegos
y en las relaciones familiares. La polémica sobre

si la televisión era perniciosa o no para
los niños estaba en pleno auge. Quino que,
como muchos, se resistía a tener televisor,
no pudo eludir el tema.
Al cabo de dos semanas de publicar en "El Mundo"
advierte que necesita más personajes
para enriquecer la tira, y el 29 de marzo de 1965
aparece Manolito –Manuel Goreiro– inspirado en el
padre de Julián Delgado, propietario en Buenos Aires
de una panadería situada en Cochabamba y Defensa,
en el histórico barrio de San Telmo.
El 6 de junio debuta Susanita –Susana Beatriz Chirusi–
que no responde a un modelo de persona conocida
por su creador. El hermanito de *Mafalda* –un simpático
y desfachatado sobrino de Quino que tiene ya
24 años y estudia flauta en Basilea– no llegó a aparecer
porque el repentino cierre de "El Mundo"
dejó a la mamá embarazada de Guille.

ENTRE
los diarios que en ese momento se editaban
en la Capital, "El Mundo" era uno de los más populares
e independientes. Brascó, que conocía personalmente
a su director, Carlos Infante, le recomendó *Mafalda*.
Empezó a publicarse el 15 de marzo de 1965
y continuó hasta el 22 de diciembre de 1967, fecha
en que "El Mundo" cerró definitivamente.

"Ese fue el verdadero lanzamiento de Quino",
sostiene Miguel Brascó, que intervino
para que la historieta siguiera adelante
y que por entonces viaja a Santa Fe y recomienda
la tira a su amigo Luis Vittori, subdirector
de "El Litoral". Más tarde el diario "Córdoba",
de Córdoba, también a instancias del mismo "promotor"
comienza a publicar *Mafalda*, que se extiende
por los diarios del interior del país.

Quino pasa de "Primera Plana", que era un semanario,
a publicar tiras cotidianas en un diario,
y esto le permite tocar temas de último
momento. Los problemas, tanto domésticos como

políticos, pasan a reflejarse entonces en los juegos
y en las relaciones familiares. La polémica sobre

si la televisión era perniciosa o no para
los niños estaba en pleno auge. Quino que,
como muchos, se resistía a tener televisor,
no pudo eludir el tema.
Al cabo de dos semanas de publicar en "El Mundo"
advierte que necesita más personajes
para enriquecer la tira, y el 29 de marzo de 1965
aparece Manolito –Manuel Goreiro– inspirado en el
padre de Julián Delgado, propietario en Buenos Aires
de una panadería situada en Cochabamba y Defensa,
en el histórico barrio de San Telmo.
El 6 de junio debuta Susanita –Susana Beatriz Chirusi–
que no responde a un modelo de persona conocida
por su creador. El hermanito de *Mafalda* –un simpático
y desfachatado sobrino de Quino que tiene ya
24 años y estudia flauta en Basilea– no llegó a aparecer
porque el repentino cierre de "El Mundo"
dejó a la mamá embarazada de Guille.

9 marzo '65

1° abril '65

DESDE marzo de 1965 hasta junio de 1966 la Argentina soportó una embestida contra sus instituciones democráticas que desembocará en el golpe militar del 28 de junio. El triunfo del peronismo, con el nombre de "Unidad Popular", en las elecciones legislativas del 14 de marzo, y una campaña orquestada contra la gestión del gobierno, tenida por algunos como exageradamente estatista y por otros como demasiado dócil ante la exigencias del FMI, habían enrarecido el clima social y militar.

19 abril '65

8 mayo '65

La imagen del gobierno se deterioraba a diario sin que nadie tratara de defenderlo. La lentitud que se atribuía a los radicales quedó simbolizada en una tortuga. También las arrugas del rostro del Presidente se habían convertido en motivo de bromas. Las mejor intencionadas rescataban aquello de venerable que imprime el paso del tiempo, y sus adeptos se complacían en expandir esa figura calma y bondadosa –"popular", decían– del Primer Mandatario. Otro tipo de pullas aso-

10 mayo '65

11 mayo '65

ciaba las arrugas presidenciales a un estilo de gobierno "en favor de la calma y la unidad" pero que no lograba resolver candentes temas sociales como el deterioro salarial o la suba de precios.

(Ref. tiras 12 y 13 de junio '65 y 8 octubre '65).

Durante este período –marzo de 1965-diciembre de 1967– la vida del país se vincula estrechamente a los acontecimientos que ocurren en América latina. Es el caso de la invasión nor-

¡MUY BONITO!...¡LA IDEA DE JUGAR AL GOBIERNO FUÉ MÍA, Y AHORA RESULTA QUE NO ME DEJAN SER PRESIDENTE!

CONSOLATE: A MUCHOS OTROS SE LES OCURRIÓ JUGAR AL GOBIERNO Y LUEGO NO PUDIERON SER PRESIDENTES

¿Y CON ESO?

¡NADA! ¡QUE EL TUYO ES UN CASO MUY GENERAL!

¡SÍ, YA SÉ!...

¡CUANDO A ALGUIEN NO LO DEJAN SER PRESIDENTE, CASI SIEMPRE ES POR ALGO MUY "GENERAL"!

12 mayo '65

SI NO DEJÁS QUE MAFALDA SEA PRESIDENTE, NO PODREMOS JUGAR AL GOBIERNO!...

¿Y POR QUÉ ELLA NO QUIERE SER MINISTRO, COMO NOSOTROS? ¡EN LA DEMOCRACIA TODOS DEBEMOS SER IGUALES!

BUENO, PERO EN LA DEMOCRACIA SIEMPRE HAY UN PRESIDENTE QUE CONDUCE EL GOBIERNO!

¿SIEMPRE?

13 mayo '65

teamericana a Santo Domingo en abril de 1965 que despierta una polémica dentro del partido gobernante al tiempo que algunos sectores aprovechan para responsabilizar al radicalismo de debilidad frente a la "infiltración comunista". (Ref. tira 15 mayo '65).

El 29 de abril, quinientos "marines" habían desembarcado en la República Dominicana pretextando la "incapacidad" de su gobierno para defender los intereses de los compatriotas

¡YA QUE NO QUERÉS QUE YO SEA PRESIDENTE, FORMEMOS UN TRIUNVIRATO, Y LISTO!

¿UN TRIUNVIRATO? DEBO CONSULTAR CON FELIPE.

DECIME, FELIPE ¿QUÉ ES UN TRIUNVIRATO?

UN GOBIERNO DE TRES. ¿POR?

PORQUE MAFALDA PROPONE QUE FORMEMOS UNO PERO, ¿QUÉ TE PARECE SI LA DEJAMOS DE LADO..

..¡Y VOS Y YO FORMAMOS UN BIOMBO?

14 mayo '65

¡ES URGENTE NOMBRAR PRESIDENTE A MAFALDA ANTES QUE ALGUIEN COPE NUESTRO JUEGO DEL GOBIERNO!

¡BAH! ¿QUIÉN PODRÍA COPARLO?

...¡Y PRIMERO QUE NADA DEBEMOS DECRETAR LA SOCIALIZACIÓN DE LOS QUIOSCOS! ¡ACABAR CON LOS TRUSTS MONOPOLISTAS CARAMELEROS!

...¡NACIONALIZAR EL CHICLE! ¡ADAMS, GO HOME! ¡BASTA DE BURGUESÍA QUIOSCO-IMPERIALISTA EXPOLIADORA DE ALCANCÍAS INFANTILES! ¡ESTAMOS HARTOS DE

XPLOTACIÓ APITALISTA

¡ESTÁ BIEN: SERÁS PRESIDENTE! ¡PERO CONSTE QUE ACCEDO SOLO POR SALVAR A LA DEMOCRACIA!

15 mayo '65

norteamericanos residentes en la isla.

En realidad, Washington quería sofocar el alzamiento de un grupo de militares nacionalistas que se oponían al Triunvirato de facto que dos años antes había depuesto al gobierno constitucional del presidente Juan Bosch, también curiosamente acusado de "blando con el comunismo". El Triunvirato, que se apoyaba en propietarios de ingenios azucareros, comerciantes y en la Iglesia, era herencia de treinta y dos años de

16 mayo '65

17 mayo '65

dictadura del "Benefactor" Rafael Leónidas Trujillo, asesinado en 1962.

La CIA, a cargo del republicano, conservador y católico, John Mc Cone, temerosa de que cundieran por América latina ejemplos como los de Castro, Nasser o Ben Bella, desconfiaba más de los "nacionalismos de izquierda" que de los marxismos legales. Era el caso del Partido Comunista Dominicano, que nunca apoyó a Bosch, entre otras cosas porque participaba de

MAMÁ, ¿EL PRESIDENTE DE LA REPÚBLICA TIENE ARRUGAS?

Y.... ALGUNAS TIENE

ES UNA LÁSTIMA

EL PAÍS LUCIRÍA MUCHO MÁS PRESENTABLE SI USARA PRESIDENTES "WASH AND WEAR"

12 junio '65

¡LO QUE ESTE PAÍS NECESITA ES UN GOBIERNO "WASH AND WEAR"!

¡MIRÁ QUE DECÍS TONTERÍAS ¿EH? ¿CÓMO SERÍA UN GOBIERNO "WASH AND WEAR"? ¿EH?

¡Y!........ ¡UN GOBIERNO "SIN PLANCHAS"!

13 junio '65

la "Legión del Caribe", que agrupaba a liberales centroamericanos, antidictatoriales y amigos de los Estados Unidos y que integraban José Figueres en Costa Rica, Rómulo Betancourt en Venezuela y Muñoz Marín en Puerto Rico.

Durante cuatro meses –de abril a julio– la República Dominicana se debatió en una guerra civil. La OEA, preocupada por la posibilidad de un triunfo de los sectores más radicalizados crea –en contra de la opinión de la ONU– la Fuerza Inte-

¡ESTOY DE CONTENTO CON MI BILLETE DE 50 $!..

¡ÉSTE SÍ QUE ES UN BILLETE "WASH AND WEAR"! ¿VISTE QUÉ PLANCHADITO ESTÁ?

SÍ, PERO ÉSO NO ES PORQUE SEA "WASH AND WEAR"...

...SINO PORQUE A NADIE LE DURA UN BILLETE EL TIEMPO NECESARIO PARA QUE SE ARRUGUE

14 junio '65

¡UN GUSANITO!

¿QUÉ DECÍS, GUSANITO?

¡QUÉ DESPACIO CAMINA!

¡CIERTO, QUÉ PACHORRIENTO!

?

IBA A HACER UNA COMPARACIÓN, PERO ADEMÁS DE TRILLADA ES POCO CONSTRUCTIVA

8 octubre '65

ramericana de Paz, "FIP", para combatir la "infiltración comunista" en el marco de la intervención norteamericana a Santo Domingo. (Ref. tira 8 mayo '65)

La vacilante decisión del canciller Miguel Angel Zavala Ortiz de enviar tropas argentinas a la FIP desata una crisis en el gobierno radical. Una creciente movilización, opositora a la propuesta de Zavala Ortiz, que integran el peronismo, la CGT, el desarrollismo, la democracia cristiana, el socialismo argen-

LO SIENTO, NO PUEDO IR A JUGAR CON VOS. ESTOY EN PENITENCIA POR COMPARAR BOMBONES CON COMUNISTAS

¿QUÉ?

SÍ; RESULTA QUE MI MAMÁ OFRECIÓ BOMBONES A UNAS VISITAS, Y CUANDO DESTAPÓ LA CAJA NO HABÍA NINGUNO

ENTONCES VINO A PREGUNTARME QUÉ HABÍA PASADO CON LOS BOMBONES

¿Y?

¡Y!... ¡NADA!... QUE AHÍ YO ME PUSE A COMPARAR LOS BOMBONES CON EL CHÉ GUEVARA

19 octubre '65

¡OOOOOYYY!... ¡UNA VAQUITA DE SAN ANTONIO!

¿A VERLA?

¡QUÉ CHIQUITA!... PARECE QUE SAN ANTONIO NO SE DA MUCHA MAÑA COMO GANADERO, ¿NO?

DEBE SER LA LEY DE LAS COMPENSACIONES, PORQUE POR SU PARTE, LOS GANADEROS NO TIENEN NADA DE SANTOS

26 octubre '65

tino, organizaciones estudiantiles y sectores importantes del propio radicalismo, obligó al gobierno a demorar el envío del proyecto al Congreso. (Ref. tira 10 mayo '65).

El 12 de mayo se realiza un acto de protesta en la Plaza de los Dos Congresos que culmina con el asesinato del estudiante Daniel Grinbak. Dos grupos de la organización nacionalista Tacuara se culparon mutuamente por el hecho. El Movimiento Nacionalista Revolucionario (MNR-Tacuara) y la Guardia

12 diciembre '65

21 diciembre '65

Restauradora Nacionalista.

En octubre de ese año Diputados debate la resolución de la Cámara de Representantes norteamericana que permitía a los Estados Unidos intervenir en otras naciones del continente "ante cualquier amago de subversión comunista". Cerró el debate el diputado radical Raúl Alfonsín con una ponencia que fue considerada "medular históricamente" y "doctrinaria políticamente". Alfonsín, que impactó al bloque de diputados jus-

A MÍ LO QUE ME GUSTA DE NAVIDAD ES QUE LA GENTE SE QUIERE MUCHO MÁS

¡CÓMO!... ¿VOS TAMBIÉN LO SENTÍS ASÍ?

¡CUÁNTO ME ALEGRO! ¿ASÍ QUE VOS TAMBIÉN **TE** QUERÉS MUCHO MÁS EN NAVIDAD? ¡YO, HAY QUE VER CUÁNTO, CUÁNTO, CUÁNTO **ME** QUIERO EN NAVIDAD!

¿POR QUÉ SERÁ QUE LA GENTE **SE** QUIERE MUCHO MÁS EN NAVIDAD?

24 diciembre '65

¡SALUTE, LA MAESTRA ME PUSO m3 POR TODA MI PÁGINA DE PALOTES!

¡EH! ¡LA MAESTRA ME PUSO m3 POR MI PÁGINA LLENA DE PALOTES!

¡CIELOS! ¡LA MAESTRA ME PUSO m3 POR TODA MI PÁGINA LLENA DE PALOTES!

NO ENTIENDO; YO TAMBIÉN LLENÉ TODA MI PÁGINA

Fue un error de Quino suponer que en la escuela los chicos seguían haciendo palotes.

12 marzo '66

ticialistas, dijo que los gobiernos radicales han sostenido siempre la libre determinación de los pueblos, la no intervención en sus asuntos internos y la igualdad jurídica de las naciones. La Argentina no envió tropas a Santo Domingo.

Otro hecho repercutió en la sociedad argentina. En mayo muere en Buenos Aires Celia de la Serna de Guevara Lynch, madre del Che Guevara. Es la primera vez que se habla públicamente del ignorado paradero de Guevara, sobre el que se

El 15 de marzo de 1966 Quino festeja el primer aniversario de *Mafalda* en el diario "El Mundo", al mismo tiempo que en la ficción el personaje cumple seis años.

15 marzo '66

6 abril '66

tejen todo tipo de conjeturas. Algunos sostenían que la Revolución Cubana había eliminado a su ala izquierda, encarnada por el Che. Otras aseguraban que Guevara intentaba reproducir la experiencia cubana en otros países. El diario "The Times", de Londres, llegó a afirmar que su presencia se había convertido en un peligro para la Revolución Cubana luego del discurso antisoviético que pronunció en la Conferencia de Argel. (Ref. tira 19 octubre '65).

21 mayo '66

27 mayo '66

Sin embargo, el 4 de octubre de 1965 Fidel Castro –que por entonces había disuelto el Partido de la Revolución Socialista para reemplazarlo por el Partido Comunista Cubano– dio a conocer una carta que le enviara Guevara, fechada el 1º de abril, donde bajo la forma de un testamento político, el Che renunciaba a su cargo de ministro de Industria y a la nacionalidad cubana.

"Otras tierras del mundo reclaman el concurso de mis

¿POR QUÉ DETUVO A ESTOS DOS CABO?

POR ALTERAR EL ORDEN AL GRITO DE: "LOS OBREROS TENEMOS HAMBRE!"

¿HAMBRE? NO SE PREOCUPEN, YO LES PREPARARÉ UN BUEN PLATO DE SOPA

BUEN DÍA, MAFALDA

¡NO HABLO CON TORTURADORES!

29 mayo '66

¡ES TERRIBLE!... NO TENGO GANAS DE HACER LOS DEBERES ¿POR QUÉ NO VENDERÁN PASTILLAS PARA DESPERTAR LA VOLUNTAD?

BUENAS TARDES ¿DESEARÍA COMPRAR LAS AFAMADAS PASTILLAS "VOLUNTEX"?

¡SEGURO! DEME TRES TUBOS!

¡SON FANTÁSTICAS! ¡TENGO UNAS GANAS LOCAS DE HACER LOS DEBERES!

¡Riiiing!

¡NO ESTOY PARA NADIE, MAMÁ, ¿EH?

14 junio '66

modestos esfuerzos. Yo puedo hacer lo que te está negado –le explicaba a Fidel en un párrafo– y llegó la hora de separarse. Sépase que lo hago con una mezcla de alegría y dolor. Aquí dejo lo más puro de mis esperanzas de constructor y lo más querido entre mis seres queridos. Hasta la victoria siempre. Patria o Muerte. Te abrazo con todo fervor revolucionario. Che." "Dejo que los enemigos de la Revolución sigan haciendo conjeturas sobre Guevara", fue el comentario de Castro.

EL MUNDO

"Lo bueno, si breve, dos veces bueno." GRACIAN.

10.- Pesos

Año XXXIX - Nº 13.429 - Buenos Aires, miércoles 29 de junio de 1966

EL TIEMPO
HOY Y
MAÑANA
AYER

PROCLAMA REVOLUCIONARIA

LOS TRES COMANDANTES en jefe de las Fuerzas Armadas, integrantes de la Junta Revolucionaria, momentos antes de darse lectura, desde el Salón Blanco de la Casa de Gobierno, al mensaje dirigido al pueblo informando sobre los verdaderos fines de dicho movimiento.

El teniente general JUAN CARLOS ONGANIA que desde hoy preside el gobierno.

Asumirá Hoy la Presidencia el General Onganía

Con la presencia de altos jefes y oficiales de las tres armas, hoy, a las 11, en el Salón Blanco de la Casa de Gobierno, prestará juramento como presidente de la República el teniente general Juan Carlos Onganía. Tendrá cumplimiento así lo anunciado en el mensaje dirigido ayer al pueblo por la Junta Revolucionaria integrada por los tres comandantes en jefe de las Fuerzas Armadas. Estímase que, previo al juramento de Onganía, harán lo propio los nuevos miembros de la Corte Suprema de Justicia. Inf. págs. 2, 3, 4, 5, 6, 7, 8, 9, 20, 21 y 40.

EN MADRID

MADRID (AFP) — El ex presidente argentino Juan D. Perón expresó que está a favor del golpe de estado que derrocó al doctor Illia. En declaraciones formuladas a un semanario de Buenos Aires, subrayó que el golpe de estado era *"la única salida para acabar con el régimen corrupto que imperó en la Argentina en los últimos tres años"*.

Luego elogió la personalidad del general Onganía, nombrado jefe del nuevo gobierno, de quien dijo que era *"un brillante soldado"*, indicando que *"con el trabajo de todo el país podrá recuperarse en poco tiempo"*.

Desquite Por Landrú

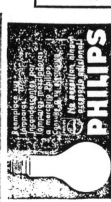

— Vengo a hacerle un planteo.

MAFALDA

Por Quino

19 julio '66

Mundial de fútbol de 1966 / Partido Argentina-Inglaterra.

26 julio '66

La actitud de EE.UU. y la OEA frente al conflicto de Santo Domingo encontró su contrapartida en la Conferencia de Solidaridad Tricontinental inaugurada en La Habana en enero de 1966. Esta reunión se propone desarrollar y coordinar la lucha contra el imperialismo norteamericano.

Perú, Colombia, Venezuela y Estados Unidos sostienen que la actitud del encuentro es de "intervención en los asuntos internos de los países" y reclaman de la OEA sanciones para

CADA VEZ VA QUEDANDO MENOS QUE DECIR

Guerra egipcio-israelí

6 junio '67

"GINEBRA: A UN PRINCI-PIO DE ENTENDIMIENTO LLEGÓ HOY LA COMISIÓN PERMANENTE QUE DELI-BERA SOBRE DESARME"

¡POR FIN!!

¡BONK!

"...PERO POSTERIORES DISIDENCIAS IMPIDIERON LOGRAR FINALMENTE UN ACUERDO POSITIVO AL RESPECTO."

25 julio '67

la misma. Pero el organismo, reunido en sesión secreta, no logra ponerse de acuerdo sobre el texto de resolución condenando a la Tricontinental de La Habana.

En tanto en Argentina, a fines de 1965, el comandante en Jefe del Ejército, general Juan Carlos Onganía, solicita su retiro alegando no haber sido consultado para la designación del nuevo Secretario de Guerra. (Ref. tira 12 diciembre '65).

Durante el verano de 1966 comienzan a ser cada vez más

¡MAMÁ, MAMÁ!.... ¡EL GOBIERNO HA PROHIBIDO LA SOPA!

¡EN SERIO! ¡NO PODRÁS HACER MÁS SOPA!

NO DESESPERES HIJITA; CON TAL DE ALIMENTARTE CONSEGUIRÉ EL RECETARIO DEL CHÉ GUEVARA SOBRE "LA SOPA CLANDESTINA"

ERA UNA BUENA MENTIRA, PERO HOY EN DÍA TODO EL MUNDO ESTÁ MUY DESPABILADO

15 agosto '67

¡ES POR TU BIEN, MIGUELITO; SI TENÉS MENOS DE SEIS AÑOS **DEBÉS** VACUNARTE CONTRA LA POLIO!

¡NO! ¡SOY MUY CHIQUITO PARA SUFRIR!

MI ABUELITA DICE QUE CON ESAS COSAS MODERNAS NUNCA SE SABE

¡PERO HOMBRE! ¡SI SÓLO SON UNAS GOTITAS EN UN TERRÓN DE AZÚCAR!...

ADEMÁS, NO PODÉS GUIARTE POR TU ABUELA. YA LO DICE EL VIEJO PROVERBIO PERSA: "SI ES DE OTRA GENERACIÓN, A LA PLANCHADORA TEME, PUES CON SU PLANCHA A CARBÓN TE QUEMARÁ EL TERYLENE"

¿PERSA?

20 octubre '66

frecuentes los rumores de un golpe militar en la Argentina. Las Fuerzas Armadas, aunque todavía prescindentes, observaban con creciente interés a Brasil, donde un gobierno militar que había disuelto los partidos políticos continuaba gozando de la afluencia masiva de capitales. (Ref. tira 6 abril '66).

Sumándose al coro de los descontentos aparecen una serie de solicitadas que firma una Federación Argentina de Entidades Democráticas Anticomunistas, FAEDA, que recu-

21 diciembre '67

22 diciembre '67

rre al viejo truco de acusar de "comunista" al gobierno para justificar un golpe. Sus denuncias fueron acompañadas, en muchos casos, de listas con nombres y apellidos de los "infiltrados" en distintos ámbitos. El historiador José Luis Romero, el periodista Gregorio Selser y el presidente de EUDEBA, Boris Spivacow, mencionados en dichas listas, inician querella a la entidad.

Durante los meses de mayo y junio de 1966 se suceden los conflictos sociales. Paran estatales, ferroviarios, transporte automotor de la provincia de Buenos Aires, los profesores de enseñanza media y los estudiantes ocupan las facultades en demanda de mayor presupuesto. El 14 mayo caen asesinados el dirigente metalúrgico Rosendo García –cercano a Augusto Vandor– y el secretario adjunto de la UOM, Domingo Blajakis.

Tres años después el escritor Rodolfo Walsh en el libro *Quién mató a Rosendo* responsabilizaba al propio Vandor por el episodio.

Ese mismo mes Perón asegura, en un reportaje, haber recibido emisarios del gobierno argentino para solicitarle una tregua política, así como la visita de militares y civiles para interesarlo en un golpe de Estado. Si bien Perón declara que si se cumplieran ciertas condiciones que beneficiaran al país lo apoyaría, dice no haber llegado a ningún acuerdo.

Mientras, el ministro de Justicia, Carlos Alconada Aramburú, denuncia a las revistas "Primera Plana", "Confirmado", "Atlántida" e "Imagen" por "anunciar los preparativos del delito de rebelión", al cual se instigaba públicamente. El 29 de mayo el Instituto Argentino de Opinión Pública consagra a Onganía como el hombre del año. En la misma lista de galardonados figuraban Amalita Fortabat y Pinky, designadas las más elegantes.

El 25 de junio el ministro de Defensa, Leopoldo Suárez, interinamente a cargo de la Escuela Superior de Guerra, acuerda con los altos mandos tres puntos a debatir con el Presidente: plan político, comunismo y medios para asegurar el orden interno. El 28 trasciende que a las 21.25 horas la Presidencia de la Nación dará a conocer un comunicado a difundirse por la cadena nacional. Propósito que no llega a concretarse porque las emisoras habían sido ocupadas por el Ejército una hora antes.

En la madrugada del día 29 de junio un grupo de oficiales entre los que se encontraban Julio Alsogaray y Luis César Perlinger, le exigen a Illia que renuncie. La respuesta del Presidente de la Nación fue tajante: "Me quedo en el lugar donde la Constitución y la ley me obligan a quedarme. Ustedes son insurrectos, yo cumplo con mi deber". Derrocado, Arturo Umberto Illia abandonó esa noche la Casa Rosada en un taxi. (Ref. tira 29 junio '66 y primera página de "El Mundo").

El 30 de junio Onganía asume como nuevo Presidente de los argentinos y justifica el levantamiento asegurando que "el país estaba disminuido física y moralmente". A partir de entonces se impone la "Doctrina de la Seguridad Nacional", que permite a los militares intervenir en caso de conflicto interno.

LO BONITO DE LOS DÓLARES ES ESE VERDE-COIMA TAN SEDUCTOR

La CGT adhiere al golpe y en el juramento del nuevo ministro de Economía, Néstor Jorge Salimei, están presentes, entre otros, el dirigente metalúrgico Augusto Vandor –que se refiere al hecho como un "reencuentro nacional"– y representantes de las 62 Organizaciones. Las directivas de Perón se resumen en aquella famosa frase "hay que desensillar hasta que aclare" o sea, esperar el curso de los acontecimientos. (Ref. tira 19 de Julio '71).

El 2 de julio se prohíbe la actividad política, el 9 Isabel Perón abandona el país y el 24 Alvaro Alsogaray es enviado al exterior para explicar "los alcances de la Revolución". El día 30 el gobierno suprime la autonomía universitaria, recuperada durante el gobierno del doctor Alfonsín. Las universidades pasan a depender del Ministerio de Educación y el nuevo administrador de la Universidad de Buenos Aires es el ex juez Luis Botet.

La noche siguiente al decreto de supresión de la autonomía universitaria se reúnen los Consejos de cada Facultad para analizar la nueva situación. La policía irrumpe entonces en todas las casas de estudio destrozando puertas, vidrios, golpeando y deteniendo a decenas de estudiantes y profesores. El operativo quedó inscripto como "la noche de los bastones largos", titulado así por Sergio Morero –testigo ocular– en una nota publicada en "Primera Plana". Había comenzado el éxodo.

Se allanan albergues transitorios (entonces hoteles alojamiento) a las horas más intempestivas y una moralina gris y opaca se extiende por todo el país. La iluminación de los lugares nocturnos debe ser tal que desde cualquier ámbito "pueda apreciarse con absoluta certeza la diferencia de sexo entre los concurrentes". Prohíben la representación en el Teatro Colón de la ópera "Bomarzo" –basada en la novela de Manuel Mujica Láinez y con música de Alberto Ginastera– por contener escenas "inmorales" y clausuran la revista "Tía Vicenta" por "irrespetuosidad hacia la autoridad". El Centro de Artes Visuales del Instituto Di Tella, considerado un reducto de elementos "disolventes", también sufrirá reiteradas clausuras. La obsesión por el pelo largo de los varones hizo que la policía detuviera al plástico Ernesto Deira, junto a otros artistas, y les cortara el pelo en la seccional.

La luna de miel entre la central obrera y el régimen militar dura sólo un año. En junio de 1967 un documento de la CGT enjuicia severamente al gobierno por su política económica y social.

En agosto se inaugura en La Habana la OLAS, Organización

Latinoamericana de Solidaridad cuyo objetivo es buscar, una vez más, "una nueva estrategia contra el imperialismo norteamericano" siguiendo los lineamientos marcados en la carta del Che del 1º de abril de 1965. Dos revolucionarios nicaragüenses, Francisco García y José González, aseguran que Nicaragua –sometida a la dictadura de Somoza– "será el próximo país que se levantará en América latina". (Ref. 15 agosto '67).

El temor a la influencia de las decisiones de La Habana recrudece por toda la región. La supuesta presencia del Che en Bolivia, donde combaten guerrilleros y fuerzas regulares, origina un gran operativo en su búsqueda. El 8 de octubre de 1967 Ernesto "Che" Guevara es capturado, herido y luego asesinado por "rangers" bolivianos.

EN 1965 Estados Unidos logra enviar a Marte la sonda espacial Mariner IV, que tras 137 días de vuelo transmite las primeras fotos cercanas del planeta. La carrera espacial prosigue con el fracaso de la cápsula espacial Géminis VI mientras el Lunik II, lanzado por la Unión Soviética, fotografía la, hasta entonces, cara oculta de la Luna, hecho que conmocionó tanto al mundo científico como a la opinión pública. (Ref. tira 19 abril '65).

Temas más cercanos preocupan sin embargo a la humanidad. George Wallace, el racista gobernador de Alabama, prohibía una marcha de elementos integracionistas dirigida por Martin Luther King. Estados Unidos intensificaba la guerra de Vietnam y el mundo se enteraba horrorizado de que los norteamericanos empleaban gases tóxicos y napalm en el conflicto.

Los soviéticos toman partido por los norvietnamitas e instalan rampas para cohetes en Hanoi. En Estados Unidos se organizan manifestaciones de protesta contra la guerra y en muchos países actos de repudio contra la intervención extranjera en Asia.

En Francia, anterior y derrotado ocupante de Vietnam –Indochina–, el general De Gaulle reprueba esta guerra y declara su solidaridad con los movimientos de liberación latinoamericanos. En Egipto, Gamal Abdel Nasser reacciona violentamente porque la República Federal Alemana reconoce a Israel. En España, los estudiantes salen a la calle para protestar por la sindicalización obligatoria impuesta por el franquismo, y la Universidad de Buenos Aires se solidariza con ellos. Desde el Concilio Vaticano II, el Papa Pablo VI hace un llamado a los cristianos para que se entronquen "en la realidad del mundo". Unos meses antes el Concilio había eliminado el término "deicida" para los judíos, condenado el antisemitismo y permitido a los sacerdotes absolver a los masones –excomulgados en 1738– arrepentidos. Pablo VI también había clamado por el fin de las guerras durante su visita a la ONU en mayo de 1965.

El Tercer Mundo intenta hacerse escuchar y noventa y tres países protagonizan una rebelión contra las diez grandes potencias financieras internacionales exigiendo plena participación en la reforma del sistema monetario internacional, pero el FMI permanece insensible. La Argentina figuraba entonces como el tercer país deudor (2.100 millones de dólares) precedida por la India (4.000 millones) y Brasil (2.300 millones).

El mundo de entonces lo poblaban 2.500 millones de seres, de los que 1.700 estaban condenados al hambre. Según estadísticas de la ONU los países ricos contaban con el 10 por ciento de la población mundial y disponían del 70 por ciento de la renta del mundo, en tanto que el 54 por ciento de la población mundial estaba concentrada en los países de mayor indigencia y percibía sólo el 9 por ciento del ingreso universal. La realidad social del hombre comenzaba a ser percibida como íntimamente vinculada a la estructura económica de las regiones subdesarrolladas. Y también como una consecuencia de la pésima distribución de las riquezas en el mundo.

En enero de 1966 reanuda sus deliberaciones la Conferencia de Ginebra sobre Desarme Mundial. Meses después la Unión Soviética y Estados Unidos se acusan mutuamente de proseguir en secreto las pruebas nucleares.

El 1º de junio de 1966 estalla en China la "Revolución Cultural", movimiento creado por Mao Tse Tung para expulsar del gobierno a los opositores a su línea revolucionaria y que ensangrentará a China durante algunos años. Se agravan sus diferencias con la Unión Soviética, a la que China llega a denunciar como cómplice de los Estados Unidos en el conflicto vietnamita. Pero temerosa de que la condenen al aislamiento, alerta al pueblo sobre la posibilidad de una guerra con los Estados Unidos. En Moscú, los líderes de los partidos comunistas y primeros ministros de los aliados de Europa oriental condenan enérgicamente la escisión generada por Pekín.

En julio el secretario general de las Naciones Unidas, U-Thant, expresa su deseo de no ser reelegido. Su decisión se atribuye a la poca atención que las potencias prestaron a sus gestiones de paz. Francia abandona la NATO y hace estallar su bomba atómica en el atolón de Mururoa, en el Océano Pacífico, cerca de Tahití. Los Estados Unidos conocen un nuevo tropiezo en la conquista del espacio con el estallido del gigantesco cohete Saturn I B, precursor del vector que lanzará a la luna a los astronautas tres años después. Mientras, estalla otra ola de violencia racial, alentada por los seguidores de Stokely Carmichael, creador del "Poder Negro". El presidente Lyndon Johnson la cataloga como obra de "una conspiración general".

En los primeros meses de 1967 un golpe militar depone al rey Constantino de Grecia. Una junta de coroneles se hace cargo del país. Durante el mes de junio un episodio que conmueve al mundo es la "Guerra de los Seis Días", entre Israel y Egipto, que junto con el resto de los países árabes nunca aceptó la creación del Estado de Israel. Pese a que la agresión armada partió de Egipto, Israel en sólo seis días revierte el conflicto a su favor y se convierte en el indiscutible vencedor. Nasser, a quien se llamó el "Faraón del siglo", había abandonado sus galones frente al general israelí Moshe Dayan, conocido como "el Tuerto Heroico" por haber perdido un ojo combatiendo junto a los ingleses durante la Segunda Guerra Mundial. (Ref. tira 6 junio '67).

El 17 de junio de 1967 China hace estallar su bomba de hidrógeno, lo que significa el triunfo de la línea dura de Mao, tanto internamente como frente a Estados Unidos y la Unión Soviética. La agencia "Nueva China" define a Mao como "el más grande marxista leninista de nuestra era", mientras se extiende por el mundo la psicosis del peligro amarillo ante la posibilidad de que China se convierta en una potencia nuclear.

DURANTE

los seis meses que siguieron al cierre
del diario "El Mundo" ningún otro medio se interesó
por *Mafalda*. Por entonces Quino publicaba
una página de humor en "Siete Días Ilustrados",
semanario nacido en mayo de 1967. Sergio Morero,
secretario de redacción, y Norberto Firpo,
jefe de redacción, se complotan para reemplazar
la página de humor por la tira de *Mafalda*
"Quino prefiere trabajar con amigos,
no quiere entregarle el rollito de su página
a un cadete porque le gusta que miren
inmediatamente su trabajo", recuerda Morero.

Mafalda aparece por primera vez
en "Siete Días Ilustrados" el 2 de junio de 1968,
en una página que incluye cuatro tiras.
A diferencia de lo que ocurre cuando se publica
en un diario, ésta debe ser entregada
con quince días de anticipación a la fecha
de aparición. El cambio de modalidad impide
al autor poder seguir tan de cerca la actualidad.
Quino, para completar la diagramación de la página,
la encabeza con un pequeño dibujo que hace

a último momento, antes de entregarla. La mayor
parte de estos dibujos junto con las tiras
de fin de año, no fueron recopiladas en los libros.
Por esa misma época *Mafalda* se edita en Italia
donde, acorde con los tiempos de agitación social
que corrían, aparece con el nombre de
"Mafalda la contestataria".
En su primera aparición en "Siete Días Ilustrados"
Mafalda dirige una carta-currículum escrita
por Sergio Morero, al director de la revista.
Guille ya había nacido y el 15 de febrero
de 1970 se incorpora a la tira Libertad.
En mayo de 1973 Quino hace que los personajes
comiencen a despedirse de los lectores.
Esto no se observa en las tiras
sino en el dibujo del encabezamiento.
(Ref. dibujos del 28 de mayo, 4, 11 y 18 de junio.)
El 25 de junio se despide formalmente.
"Quino nunca firma contrato,
para poder irse", explica Sergio Morero.

ENTRE 1968 y 1973 los argentinos tendrán oportunidad de conocer a seis presidentes: los generales Onganía, Levingston y Lanusse, el doctor Cámpora, Raúl Lastiri y Perón. Durante estos años la violencia se extiende por todo el país. Aumentan los asesinatos, secuestros, estallidos de bombas, incendios y otros atentados, y se pueden entrever los primeros síntomas de descontento popular que explotará en el "Cordobazo"de mayo de 1969.

La CGT, entonces escindida en dos ramas, una combativa (liderada por Raimundo Ongaro) y otra burocrática (afín a Augusto Vandor) decreta un paro general de actividades para el día 30 de mayo, pero el 29 Córdoba se vuelca a la calle. La jornada, conocida como el "Cordobazo", fue la protesta social más violenta ocurrida en el país desde la Semana Trágica de 1919 y marcó el inicio del declive del presidente, teniente general Juan Carlos Onganía. Un mes después, el 30 de junio, Augusto Vandor cae asesinado. Esa misma noche, el gobierno declara el estado de sitio.

El estreno de la película "Z" –del realizador griego Costa Gavras, sobre la investigación de un crimen político en la Grecia de los coroneles– se convierte en una demostración contra el gobierno. En la revista "Inédito" un columnista que firma Alfonso Carrido Lura escribe: "Cuando un pueblo no encuentra canales naturales para expresarse, la historia ha demostrado que consigue hacerlo a través de vías insólitas". Carrido Lura era el seudónimo de Raúl Alfonsín, quien en 1968 fue detenido por participar en un acto radical en conmemoración de los veinte años de la Declaración Americana de Derechos Humanos.

Un año después del "Cordobazo", el 29 de mayo de 1970, los Montoneros secuestran al general Pedro Eugenio Arambu-ru, al que posteriormente asesinan. El 8 de junio la Junta de Comandantes destituye a Onganía y lo reemplaza por el desconocido general Roberto Marcelo Levingston, que vuela desde Washington para ocupar el cargo.

El 11 de noviembre se forma "La Hora del Pueblo", integrada por peronistas, radicales y partidos minoritarios. Su objetivo era lograr del gobierno un retorno al sistema democrático.

A comienzos de 1971 un enfrentamiento entre el presidente Levingston y el comandante en Jefe del Ejército, general Lanusse, partidario de una salida política, culmina con la renuncia del primero. El 26 de marzo Lanusse asume como Presidente de la Nación con retención de las funciones de Comandante en Jefe. Se levanta la prohibición a los partidos políticos y el nuevo gobierno plantea la necesidad de un Gran Acuerdo Nacional (GAN), que posibilitaría una salida institucional.

Entretanto Perón, cuya táctica oscila entre alentar la existencia de "formaciones especiales" (organizaciones armadas) y formular sesudas declaraciones apelando a la cordura, reemplaza a su delegado personal, Jorge Daniel Paladino, por Héctor J. Cámpora.

El año 1972 encuentra a la sociedad argentina en plena actividad política y peronizada cuasi masivamente. Dispuesto a impulsar una política sin fronteras ideológicas, Lanusse tiene reuniones con Salvador Allende, presidente de Chile; Pacheco Areco, de Uruguay; Hugo Banzer, de Bolivia; viaja a Colombia, Venezuela y Brasil y reconoce a China Popular. Durante un discurso pronunciado en el Colegio Militar, Lanusse afirma que si Perón no vuelve "permitiré que digan porque no quiere, pero en mi fuero íntimo diré: porque no le da el cuero para venir".

El 22 de agosto 16 guerrilleros alojados en dependencias de la Armada –la Base Almirante Zar, en Trelew– son ejecutados, supuestamente por intento de fuga. La versión oficial fue recibida con dudas por la opinión pública y el episodio se convirtió en bandera de lucha.

Finalmente, y después de 17 años de ostracismo, Perón regresa al país el 17 de noviembre de 1972 y permanece 25 días. Retorna a España y desde allí proclama a Héctor J. Cámpora candidato del Frente Justicialista de Liberación (FREJULI).

El 11 de marzo de 1973 se realizan elecciones generales: la fórmula Héctor J. Cámpora-Vicente Solano Lima obtiene el 49,59 por ciento de los votos, los candidatos de la Unión Cívica Radical, Balbín-Gamond, el 21,30 por ciento.

El 28 de marzo el presidente Lanusse restablece relaciones diplomáticas con Cuba. Los presidentes Osvaldo Dorticós, de Cuba, y el de Chile, Salvador Allende, asisten a la asunción de Cámpora el 25 de mayo. El 20 de junio Perón regresa definitivamente al país.

BAJO el lema "la imaginación al poder", en mayo de 1968 estalla en Francia una revuelta estudiantil que rápidamente se extiende a otros países de Europa, Estados Unidos, Japón, México. En todos ellos hay una violentísima represión por parte de las fuerzas del orden. En la ciudad de México la movilización estudiantil arrojó un saldo de 400 muertos en lo que se conoce como "la matanza de Tlatelolco", ocurrida en octubre en la Plaza de las Tres Culturas. Esas revueltas dan origen a lo que se llama "Mayo del '68", que posiblemente quede inscripto en la historia como "la Revolución del '68".

Ese mismo año tanques soviéticos invaden Checoslovaquia poniendo fin a "la Primavera de Praga", movimiento liderado por Alexander Dubcek, quien respaldado por intelectuales, estudiantes y artistas, intentaba la creación de una democracia socialista.

También en 1968 dos magnicidios conmueven al mundo: en Estados Unidos son asesinados Martin Luther King (Premio Nobel de la Paz 1964) y Robert Kennedy.

En noviembre Richard Nixon es elegido presidente y al año siguiente –1969– inicia el deshielo con China Popular; las gestiones culminarán con su propia visita a Pekín en 1972 y la admisión de China en el seno de las Naciones Unidas.

En Perú un movimiento militar nacionalista encabezado por el general Juan Velasco Alvarado depone al presidente Fernando Belaúnde Terry, y lleva a cabo una serie de reformas sociales y económicas.

El 20 de julio de 1969 el mundo se conmueve por el éxito de la misión APOLO XI: después de 102 horas, 45 minutos y 40 segundos de viaje, el astronauta Neil Armstrong es el primer ser humano que pisa la superficie lunar.

En 1970, en un hecho que pasó a la historia como "Setiembre Negro", tropas del rey Hussein de Jordania masacran a 20 mil combatientes palestinos (OLP) liderados por Yasser Arafat, allí refugiados, por considerarlos una amenaza para el territorio jordano.

En Africa termina, después de tres años de lucha, la guerra de Biafra con un saldo de dos millones y medio de muertos.

En Francia muere el general Charles de Gaulle.

En Italia se aprueba la ley de divorcio y desde Inglaterra una noticia más frívola sacude al mundo: se disuelven los Beatles.

El pueblo chileno elige presidente a Salvador Allende, quien el 11 de setiembre de 1973 muere atrincherado en el

Palacio de La Moneda, durante el ataque de las fuerzas que responden al general Augusto Pinochet.

En Bolivia el coronel Hugo Banzer depone al general Juan José Torres, un militar nacionalista de izquierda, asesinado posteriormente en la Argentina.

En noviembre de 1972, en EE.UU., es reelegido Richard Nixon, obligado a renunciar un año después a causa del "escándalo Watergate". Pese a este episodio, ese mismo año se firma trabajosamente el acuerdo "SALT I" entre Estados Unidos y la Unión Soviética para reducir el uso de las armas estratégicas.

En enero de 1973 Estados Unidos y Vietnam del Norte, representados por Henry Kissinger y Le Duc Tho, respectivamente, llegan a un acuerdo para poner fin a la guerra de Vietnam. Ese año ambos recibieron el Premio Nobel de la Paz.

Un amigo mío, el dibujante Quino (se llama así pero cuando firma los cheques pone Joaquín Lavado), me dijo que tenías mucho interés en contratarnos a mí y a mis amiguitos Susanita, Felipito, Manolito y Miguelito, para que juntos trabajemos todas las semanas en tu revista. Aceptamos con mucho gusto, pero antes debo decirte que en casa aumentó la familia , porque el 21 de marzo nació mi hermanito, lo que alegró bastante a mi papá y mi mamá; y a mí me produjo curiosidad. Ahora estamos todos muy preocupados por atenderlo y pensar en un nombre que a él le guste cuando sea grande. Como me parece que vos y los lectores de la revista querrán conocerme un poco mejor antes de firmar el contrato, te envío mi *currículum* (¿así se escribe?) más o menos completo, porque de algunas cosas ya no me acuerdo. ¡Ah!, también te mando algunas fotos de mi álbum familiar que me sacó mi papá, ¡pero devolvémelas!

En la vida real yo nací el 15 de marzo de 1962. Mi papá es corredor de seguros, y en casa se entretiene cuidando plantas. Mi mamá es ama de casa. Se conocieron cuando estudiaban juntos en la Facultad, pero después ella abandonó para cuidarme mejor, dice. El nombre que me pusieron fue en homenaje a una pibita que trabajaba en la película "Dar la cara", que se hizo leyendo el libro del escritor David Viñas. El 22 de setiembre de 1964, Quino me consiguió una recomendación para trabajar en la revista "Primera Plana", y en marzo del '65 me llevaron al diario "El Mundo".

Vas a ver que mis amiguitos te van a gustar tanto como a mí. Felipito tiene un papá que es todo un ingeniero; él es bueno, un poco simple, tierno y, a pesar de que en la escuela está en un grado más que yo, a veces lo cuido como si fuera hijo mío. A Manolito lo conocí en el almacén de su papá, porque nosotros somos clientes de él. Ahora vamos al colegio juntos. A veces me hace enojar porque es muy cabeza dura. Siempre quiere tener razón... y lo que más bronca me da es que casi siempre la tiene. Con Susanita no me llevo muy bien. Reconozco que a veces yo parezco muy antipática con ella, pero cada vez que habla parece el Premio Nobel de la Clase Media. Seguro que cuando sea grande tocará el piano, se casará y tendrá muchos hijos y jugará a la canasta. Te voy a contar un secreto, pero no se lo digas a nadie, porque a Susanita no le gusta que se sepa: el papá de ella es vendedor de una fábrica de embutidos.

Miguelito es el último que ingresó a la barra. Todos lo queremos mucho y nos hace reír porque piensa siempre las cosas más fantásticas. Claro que es muy chico todavía. Va a un grado menos que nosotros.

En estos días recibí muchas cartas y llamadas telefónicas preguntándome por mi hermanito. A casi todos les preocupa saber cómo mis papás me explicaron el asunto. Fue así: me llamaron un día, se pusieron muy colorados, dijeron que tenían que decirme algo muy importante. Mi papá me contó que habían encargado un hermanito para mí, que antes de nacer lo cuidaría mamá porque crece como una semillita, y que la había plantado él porque sabe mucho de plantas. Yo no entendí muy bien, pero me puse muy contenta al saber la verdad, porque la mayoría de los chicos en la escuela hablan de los nenes que nacen en repollos o los trae la cigüeña desde París... ¡Con los líos que hay ahora en París están como para pensar en cigüeñas!

Otros me preguntan cómo, siendo yo tan pesimista en un problema tan grave como el de la paz, creo todavía en los Reyes Magos. Melchor, Gaspar y Baltasar existen porque me lo dijo mi papá, y yo le creo; en cambio sobre la paz tengo todos los días pruebas de que, por ahora, es un cuento.

Aprovecho la publicación de esta cartita para enviar un saludo a U-Thant y a Los Beatles, a quienes admiro mucho. El pobre secretario de la UN tiene muy buenas intenciones, y sería macanudo que le hicieran caso, pero... Pensando en él, comprendo mejor a mi papá y a mi mamá. Después de todo, ellos no tienen la culpa de cómo son y de cómo viven. Los Beatles me gustan porque son muy alegres, están de acuerdo conmigo en muchas cosas, y tocan la música que nos gusta a los jóvenes. Ellos deberían ser presidentes del mundo, porque tienen influencia sobre mucha gente de todos los países.

También me gusta leer, escuchar los noticiosos, mirar la TV (menos las series), jugar al ajedrez, al bowling y a las hamacas. Me gusta mucho jugar y correr al aire libre, donde haya árboles y pajaritos, como en Bariloche. Cuando fuimos de vacaciones para allá, pasamos días muy lindos. Este año no fuimos de vacaciones porque esperábamos la llegada de mi hermanito. Espero que en el verano crezca pronto, así lo podemos llevar con nosotros a Córdoba. Cuando se preocupe menos por el chupete, le voy a presentar

al Pájaro Loco, que trabaja en la TV. Seguro que le va a gustar tanto como a mí.

Entre las cosas que no me gustan están: primero, la sopa, después, que me pregunten si quiero más a mi papá o a mi mamá, el calor y la violencia. Por eso, cuando sea grande, voy a ser traductora en la UN. Pero cuando los embajadores se peleen voy a traducir todo lo contrario, para que se entiendan mejor y haya paz de una buena vez.

Hasta la semana que viene.

Mafalda

23 julio '68 - Psicodélico. Término con que se definió la música y la gráfica "pop" relacionándolos con los efectos de los alucinógenos.

2 junio '69 - El teniente general (R) Alejandro Tcherniakov, muerto el 21 de mayo, eleva a quince el número de generales (en retiro o actividad) fallecidos en un mes y medio.

16 junio '69 - La NASA ultima los detalles de la misión Apolo XI, que depositará a los astronautas Neil Armstrong, Edwin Aldrin y Michael Collins sobre la superficie lunar el 20 de julio.

23 junio '69 - Onganía renueva totalmente su gabinete.

11 agosto '69 - Confusión entre el popular trompetista
y Neil Armstrong, primer hombre que pisó la luna.

2 febrero '70 - Referencia a la llamada pantalla Panorámica
con que se anunciaban las superproducciones de Hollywood.

25 mayo '70 - Alude a la noticia de la puesta a punto de la fecundación *in vitro*. El primer nacimiento logrado por este sistema se produjo en Inglaterra en 1978.

23 marzo '70

22 febrero '71 - Alude a la gestión presidencial del general Levingston.

31 mayo '71 - Referencia a un decreto que limitaba
la venta de carne al consumidor.

7 junio '71 - El 1º de mayo Fidel Castro pronuncia un discurso en el que
alude a los escritores e intelectuales "seudo izquierdistas".

MAFALDA

21 junio '71 - El flamante presidente Lanusse suprime el Ministerio de Economía, que pasa a depender del Ministerio de Hacienda.

19 julio '71 - Manolito hace referencia a la frase con que Perón comentó el golpe de Onganía en 1966, para reflejar la expectativa del peronismo ante el cambio Levingston-Lanusse.

23 agosto '71 - Referencia a una devaluación monetaria del 20 por ciento.

4 octubre '71

mAF.a.LdA

¡HMM!...

...BUEN LETRISTA PARA LA PUBLICIDAD DEL GRAN ACUERDO NACIONAL

VOS SOS EL DISOLVENTE PESIMISTA QUE LE METE A AQUELLA ESAS ESTUPIDECES EN LA CABEZA, ¿NO?

6 marzo '72 - Parece cristalizar el Gran Acuerdo Nacional, (GAN), convocado por el general Lanusse, quien se postula como candidato a presidente.

¡VAYA! NO SABÍA QUE TAMBIÉN LAS LETRAS ANDABAN EN ESO DEL RÉGIMEN MACROBIÓTICO

13 marzo '72 - Auge de la cocina macrobiótica en el país.

3 julio '72 - Quino vuelve a incluir el dibujito cabeza de página que la dirección había eliminado para dar el espacio

31 julio '72 - Alusión al FRECILINA, antecesor del FREJULI.

11 setiembre '72 - Bobby Fischer, campeón mundial de ajedrez.

25 de setiembre '72

6 noviembre '72 - Alusión a posibles complicaciones que impidieran
llegar a los anunciados comicios de 1973.

UN HACENDADO POSEE UNA ESTANCIA DE 50 HECTÁREAS DE ANCHO POR 60 DE LARGO

PARA ALAMBRARLA EN TODO SU PERÍMETRO ENCARGÓ AL CORRALÓN LOS POSTES QUE IRÁ COLOCANDO, UNO CADA 20 METROS. ¿CUÁNTOS POSTES COMPRÓ?

REVISÁ, ¿TE PARECE QUÉ COMPRÓ TANTOS?

AH, ¿POR QUÉ? ¿ADEMÁS DE OLIGARCA, AMARRETE?

3 octubre '72

ASÍ QUE EXPERTO EN HECTÁREAS, ¿EH? ¡LINDO PAPELÓN!

¡OTRA QUE PAPELÓN! FUÉ UNA BESTIALIDAD QUE ALCANZÓ EL GRADO 17 EN LA ESCALA MANOLITO

Y ESO QUE LA ESCALA MANOLITO LLEGA HASTA 10

¡DALE, QUINITO! ¿CUÁNTOS LITROS TIENE UNA LEGUA? DECINOS, ¿A VER?

¿Y NO SERÁ QUE COMO LAS HECTÁREAS SE USAN EN EL CAMPO, EL POBRE QUISO MANDARSE SU PROPIA REFORMA AGRARIA?

SERÍA UN PIONERO ESTÚPIDO, PERO SERÍA UN PIONERO

13 noviembre '72 - Quino había cometido un error en el primer cuadro de la tira de **Mafalda** que se publicó el 3 de octubre. Ante la avalancha de cartas de lectores, el 13 de noviembre trata de subsanar lo mejor posible el papelón.

11 diciembre '72 - Referencia a la formación del FREJULI, integrado por partidos de muy diversa ideología.

25 diciembre '72

22 enero '73 - Alusión al FREJULI.

5 febrero '73 - En enero, los representantes de Estados Unidos, Henry Kissinger, y de Vietnam del Norte, Le Duc Tho, llegan a un acuerdo para poner fin a la guerra de Vietnam.

12 febrero '73 - Referencia a los comicios que se efectuarían el 11 de marzo.

19 de febrero '73 - Visita del cantautor Joan Manuel Serrat, quien se interesó vivamente por los problemas argentinos.

5 marzo '73 - El 11 de marzo se iban a realizar las ansiadas elecciones generales, luego de siete años de gobiernos militares.

19 marzo '73 - Referencia al triunfo de la fórmula Cámpora-Solano Lima con el 49,59 por ciento de los votos.

26 marzo '73 - El doctor Cámpora buscaba integrar su gabinete.

"Todos somos vulgo."
Montaigne.

MIS RESPETOS A SU
SEÑORITA ABUELA

Y APROVECHO ESTA
OPORTUNIDAD PARA
SALUDAR A SU MADRINA,
QUE SEGURAMENTE ME
ESTÁ ESCUCHANDO

¿SABÍAN QUE ALMACÉN
DON MANOLO VENDE
BARATÍSIM...... BUENO,
DIGAMOS CON PRECIOS
UNA HORA MÁS BARATOS
QUE EN OTROS LADOS

LA MATERNIDAD
BIEN ENTENDIDA
EMPIEZA POR
CASA

DE CARROCERÍA Y DE MOTOR EL PAÍS ESTÁ FENOMENAL, ¡LÁSTIMA LA PALANCA DE CAMBIOS!

¿POR QUÉ COMPLICARSE LA VIDA CON LOS PROBLEMAS DEL PAÍS CUANDO LA SOLUCIÓN MÁS SIMPLE ES SOLUCIONARLOS?

NO SEA COSA QUE POR INICIAR APERTURAS OLVIDEMOS TERMINAR DE TAPAR AGUJEROS, ¿EH?

NO CONFUNDIR CHISMOCIENCIA CON CHISMOFICCIÓN

por QUINO

AH, SÍ, UNO DE ANTEOJOS, MEDIO PELADITO, QUE LE TIENE TERROR AL AGUA PORQUE SEGÚN ME CONTARON CUANDO TENÍA SIETE AÑOS ERA TAN ENCLENQUE QUE SE METIÓ A UN CANAL Y EL AGUA SE LO LLEVÓ COMO A UNA HORMIGA, DEBE SER MEDIO TARADO, PORQUE TAMBIÉN SUPE QUE EN LA CONSCRIPCIÓN UNA MULA LE ENCAJÓ UNA PATADA, Y CUANDO FUE EN MOTO A

ADALFAM

¿QUÉ TE PASA? ¿NO ERA QUE VOS ESTABAS POR UN NUEVO ORDEN DE COSAS? ¿EÉEH? ¿NO ERA QUE ESTABAS POR UN CAMBIO RENOVADOR? ¿UUUH?

TANTO VA EL CÁNTARO A LA FUENTE, QUE AL FINAL A ALGÚN FUNCIONARIO SE LE OCURRE CREAR EL IMPUESTO AL TRÁNSITO DE RECIPIENTES, BOTIJOS Y DERIVADOS

¡NO PODEMOS QUEJARNOS! ¡EL AÑO QUE VIENE FUE MUCHO MEJOR QUE ÉSTE!

SÍ, YA LO SÉ

PERO, ¡QUÉ SÉ YO!... ¡SUENA TAN OPTIMISTA!

¿UN ALMANAQUE DEL AÑO QUE VIENE? ¿A VER?

¿NO TE DIGO? ¡EN JUEVES!

¿¡PERO ESTOS QUÉ SE CREEN, DIGO YO?! ¡¡¿QUÉ?!!

¡EL AÑO PASADO CUMPLÍ AÑOS EN MARTES, ESTE AÑO EN MIÉRCOLES, AHORA RESULTA QUE EL AÑO QUE VIENE...EN JUEVES!

¡PERO MIG

¡PERO MIGUELITO UN CORNO! ¡YO SÉ POR QUÉ LO HACEN!

¡SERÉ CHIQUITO, PERO NO ESTÚPIDO! ¡Y SÉ LO QUE BUSCAN ESTOS!

¡PERO CONMIGO VAN MUERTOS ¿EH? ¡ASÍ QUE DÉNLE NOMÁS! ¡POSTÉRGUENME HASTA CANSARSE!...

¡COIMEROS!

¿SABEN LO QUE PENSABA HOY? QUE LA VIDA ES UN POCO COMO UNA PELÍCULA

A UNOS LES TOCA SER PRIMEROS ACTORES Y A OTROS UN PAPELITO DE MORONDANGA

TIENE RAZÓN, ¿NO?

ES BASTANTE CIERTO

ESTÁ MUY BIEN, SÍ

POR SUPUESTO QUE EN LA PELÍCULA SON NECESARIOS TODOS, NO VAYAN A CREER QUE ESO DE *MORONDANGA* LO DIJE PARA OFENDERLOS

DEBERÍAS LEER LO QUE DICE AQUÍ DE LOS HIPPIES, MANOLITO

¿DE LOS JÍPIS?

SÍ, APARTE DE LA ROPA, EL PELO Y TODO ESO HAY ALGO QUE YO NO SABÍA

¿QUÉ ES?

QUE "MUESTRAN EL MÁS ABSOLUTO DESPRECIO POR TODO BIEN MATERIAL Y EN ESPECIAL POR EL DINERO"

¡ASÍ QUE ADEMÁS DE AFEMINADOS.... ATEOS!

Referencia al derrocamiento del rey Constantino II, de Grecia, por parte de una junta de coroneles.

¿Y SI AHORA QUE "JUAN Y EL PREGUNTÓN" SALE A TODA PÁGINA NOSOTROS FUÉRAMOS PENSANDO EN TOMARNOS UN DESCANSITO?

¡NO ESTARÍA MAL! SERÍA UN DESCANSO TAMBIÉN PARA LOS LECTORES

¡Y PARA EL MÁS ALLÁ FIRMANTE, NO LES CUENTO!

¡FÚF!

QUINO

28 mayo '73

...Y PENSAMOS, SR. DIRECTOR, QUE....EN FIN.... CON LA LIBERACIÓN NACIONAL....¿QUÉ TAL SI POR UN TIEMPITO LIBERAMOS A LOS LECTORES DE ESTA PÁGINA? ¿EEEH?

4 junio '73

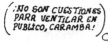

¡NO SON CUESTIONES PARA VENTILAR EN PÚBLICO, CARAMBA!

¡¡DÉLE, DON PREGUNTÓN, CONVENZA AL DIRECTOR PARA QUE NOS DÉ UN DESCANSITO!! ¿SÍÍÍ?

POR FAVORPLÍS SILVUPLE PER CORTESÍA BITE

¡DÉEELE, DON PREGUNTÓN, EEEH?

QUINO

11 junio '73

UDS. NO DIGAN NADA QUE YO LES DIJE, PERO PARECE QUE POR EL PRECISO Y EXACTO LAPSO DE "UN TIEMPITO" LOS LECTORES QUE ESTÉN HARTOS DE NOSOTROS VAN A PODER GOZAR DE NUESTRA GRATA AUSENCIA DENTRO DE MUY POCO

VERO? MÁH!.. GUARDA CHE BELLO!

18 junio '73

DICE EL DIRECTOR QUE BUENO, QUE A PARTIR DE HOY PODEMOS DARLE UN DESCANSO A LOS LECTORES, PERO QUE SI ALGUNO DE NOSOTROS SE MUDARE, TRASLADARE, Y/O APARECIERE EN OTRA REVISTA Y/O DIARIO, EL A PATADAS NOS AGARRARE

¡JOROBARE!

¡PERO NO! ¿A QUIÉN SE LE OCURRIERE?

YO DIJERE QUE POR AHORA ESA IDEA NO EXISTIERE

¿Y SI ALGUIEN NOS SOBORNARE?

¿POR QUIÉN NOS TOMARES?

25 junio '73

AL MAL TIEMPO BUENA ROTATIVA

DESPUES
que *Mafalda* se despidiera
en junio de 1973, Quino vuelve a retomar
sus personajes en campañas de defensa de la niñez.
Ocasionalmente lo había hecho antes,
como en el caso de "El Mosquito",
publicación interna del Hospital de Niños
de Buenos Aires.
En 1976, Año Internacional del Niño,
UNICEF pide a Quino hacer un afiche
e ilustrar los 10 principios
de la Declaración de los Derechos del Niño.
El autor cede sus derechos
sobre esa edición al UNICEF.
Para fines de 1989 está prevista
una Convención Internacional de los Derechos
del Niño que pretende "que los países
reconozcan esos derechos y luchen
por su observancia con medidas legislativas".
Hasta ahora los principios
sólo son buenas intenciones que los países
no se obligan a respetar.

Esta *Mafalda* enfermera fue la portada de la revista "El Mosquito", sobre idea del Dr. Jorge Colombo, cuando el Hospital de Niños realizaba una intensa campaña para crear la Sala de Terapia Intensiva.

BOCETO DEL POSTER QUE EDITO *UNICEF*
CELEBRANDO EL *AÑO INTERNACIONAL DEL NIÑO*.

DECLARACION DE LOS DERECHOS DEL NIÑO

Comentada por Mafalda y sus amiguitos
para el UNICEF

(Fondo de las Naciones Unidas
para la Infancia)

Principio 1

El niño disfrutará de todos los derechos enunciados en esta Declaración. Estos derechos serán reconocidos a todos los niños sin excepción alguna ni distinción o discriminación por motivos de raza, color, sexo, idioma, religión, opiniones políticas o de otra índole, origen nacional o social, posición económica, nacimiento u otra condición, ya sea del propio niño o de su familia.

¡Y DEL SIGNO DEL ZODÍACO SE OLVIDARON, CLARO! ¡AHORA RESULTA QUE UN CUALQUIERA NACIDO EN LEO SE CREERÁ IGUAL A QUIENES VIMOS LA LUZ EN ARIES! ¡JHÁ! ¡SEPAN QUE ESO DE LA IGUALDAD NO ESTÁ MAL, PERO HAY IGUALDADES E IGUALDADES!

¡EMPEZAMOS BIEN!

Y SOBRETODO PROTECCIÓN ANTE CIERTOS ANTIGUOS METODOS DE PROTECCIÓN

HOGAR DE PROTECCIÓN AL MENOR

Principio 2

El niño gozará de una protección especial y dispondrá de oportunidades y servicios, dispensado todo ello por la ley y por otros medios, para que pueda desarrollarse física, mental, moral, espiritual y socialmente en forma saludable y normal, así como en condiciones de libertad y dignidad. Al promulgar leyes con este fin, la consideración fundamental a que se atenderá será el interés superior del niño.

Principio 3

El niño tiene derecho desde
su nacimiento a un nombre
y a una nacionalidad.

Principio 4

El niño debe gozar de los beneficios
de la seguridad social. Tendrá derecho a crecer
y desarrollarse en buena salud; con este fin deberán
proporcionarse, tanto a él como a su madre,
cuidados especiales, incluso atención
prenatal y postnatal. El niño tendrá derecho
a disfrutar de alimentación, vivienda,
recreo y servicios médicos adecuados.

¡A MI MAMÁ LOS NIÑOS IMPEDIDOS LA CONMUEVEN TANTO!...¡LE DESPIERTAN TAN PROFUNDO AMOR QUE SU SENSIBILIDAD NO SOPORTA EL DOLOR DE ACORDARSE SIQUIERA QUE EXISTEN!¡POBRE MAMÁ!

Y, SÍ, HAY, MUCHÍSIMA GENTE ASÍ BONACHONA

Principio 5

El niño física o mentalmente impedido
o que sufra algún impedimento social debe recibir
el tratamiento, la educación y el cuidado especiales
que requiere su caso particular.

DIGO YO....¿Y POR HACERNOS QUERER DE ESA MANERA NO NOS PAGAN NAD......

Principio 6

El niño, para el pleno y armonioso desarrollo
de su personalidad, necesita amor y comprensión.
Siempre que sea posible, deberá crecer al amparo
y bajo la responsabilidad de sus padres y,
en todo caso, en un ambiente de afecto y de seguridad
moral y material; salvo circunstancias
excepcionales, no deberá separarse al niño
de corta edad de su madre. La sociedad
y las autoridades públicas tendrán
la obligación de cuidar especialmente a los niños
sin familia o que carezcan de medios
adecuados de subsistencia. Para
el mantenimiento de los hijos de familias
numerosas conviene conceder subsidios
estatales o de otra índole.

Principio 7

El niño tiene derecho a recibir educación que será gratuita
y obligatoria por lo menos en las etapas elementales.
Se le dará una educación que favorezca su cultura general y le
permita, en condiciones de igualdad de oportunidades, desarrollar
sus aptitudes y su juicio individual, su sentido de responsabilidad
moral y social, y llegar a ser un miembro útil de la sociedad.

El interés superior del niño debe ser el principio rector
de quienes tienen la responsabilidad de su educación y orientación;
dicha responsabilidad incumbe en primer término, a sus padres.

El niño debe disfrutar plenamente de juegos y recreaciones,
los cuales deberán estar orientados hacia los fines perseguidos
por la educación; la sociedad y las autoridades públicas
se esforzarán por promover el goce de este derecho.

Principio 8

El niño debe, en todas las circunstancias, figurar entre
los primeros que reciban protección y socorro.

Principio 9

El niño debe ser protegido
contra toda forma de abandono,
crueldad y explotación.
No será objeto de ningún
tipo de trata.
   No deberá permitirse al niño
trabajar antes de una edad
mínima adecuada; en ningún
caso se le dedicará
ni se le permitirá que se dedique
a ocupación o empleo alguno
que pueda perjudicar
su salud o su educación,
o impedir su desarrollo físico,
mental o moral.

Principio 10

El niño debe ser protegido contra las prácticas
que puedan fomentar la discriminación
racial, religiosa o de cualquiera otra índole.
Debe ser educado en un espíritu de comprensión,
tolerancia, amistad entre los pueblos,
paz y fraternidad universal, y con plena
conciencia de que debe consagrar
sus energías y aptitudes al servicio
de sus semejantes.

En 1984, a pedido de una
institución de bien público,
la Liga Argentina para
la Salud Bucal, LASAB,
Quino hizo que *Mafalda*
se lavara públicamente
sus dientes para que todos
los chicos de Argentina
lo compartieran con ella.

Mafalda
se cepilla los dientes
todas las noches
antes de dormir.

Cepilla todas las caras
de afuera de todos los dientes.

Todas las caras de adentro
de todos los dientes.

Todas las caras
que mastican.

Y ahora las caras de atrás...
de los dientes de adelante.

Y también la lengua!!!

Para completar la limpieza de los dientes se cortan 30 cm de hilo de seda dental

y enroscándolo entre los dedos, lo pasamos por los espacios entre los dientes.

¿¿¿Mmmm???

¡¡¡Mmmm!!!

Afiche para el Congreso Internacional de Ambliopía
realizado en Montevideo en 1984.

Este libro
se terminó de imprimir
en el mes de julio de 2021
en los talleres de Limpergraf,
Barberà de Vallès (Barcelona)